Made in the USA
Las Vegas, NV
13 June 2022

50205824R00057